Kolofon
©Mathias Jansson (2020)
" Stenen - en medelålders mans meta-kris"
ISBN: 978-91-86915-48-3

Utgiven av:

 "jag behöver inget förlag"
c/o Mathias Jansson
Tvärvägen 23
232 52 Åkarp
http://mathiasjansson72.blogspot.se/

Tryckt: Lulu.com

Stenen –
en medelålders mans meta-kris

Berättaren: Ha! Ni som sitter där och gapar över era mobiler. Ni som stirrar blint på era tomma skärmar. Vet ni inte att det kan vara er sista timma? Bakom era ryggar står tomheten och väntar. Jag kan se hur hans lie blänker till och han höjer den för att kapa den sista internetuppkopplingen. Vem ska drabbas först av att det inte längre går att ansluta till internet! Du där som sitter och flinar över en gullig kattvideo på Facebook. Dina likes är räknade. Och du kvinna som blomstrar av lust och välbehag. Ska ditt Tinder-kontor raderas innan morgonen gryr och din smartphone slockna och sluta att fungera? Du där med din svullna näsa och fåniga flin kommer någon imorgon följa ditt Instagramkonto med maträtter du ätit? Vet ni inte att ni alla kommer att vara utan internet snart? Hör ni inte orden som förkunnas "går inte att ansluta till internet". Dödliga lämna era ytliga sociala medier. Stäng av era mobiler, ja, sätt dem iallafall på flygplansläge och lyssna noga medan vi berättar den sedelärande historien om Envar för er.

Assistenten: Envar? Vad är det för knasigt namn? Har verkligen Skattemyndigheten godkänt det namnet?

B: Det är inget namn utan är ett ord som betyder alla och en.

A: Alla och en? Men är inte alla alla? Betyder envar att det är alla, men vi glömde tyvärr en som blev över? Vem var det då som man glömde?

B: Det var förmodligen dig eftersom du är en jobbig fan som hela tiden ska ifrågasätta och märka ord. När jag tänker efter så behöver jag inte dig för att genomföra den här föreställningen, det räcker gott och väl med alla, en kan jag vara utan. Du får sparken!

A: Sparken?

B: Ja du är avskedad!

A: Det här kommer du att få ångra! Jag kommer tillbaka i andra akten för min hämnd. *(Går ut i kulisserna.)*

B: Kära åhörare, ursäkta avbrottet, nu åter till handlingen. Ni ska den närmaste stunden få ta del av den sedelärande och moraliskt uppfriskande historien om Envar. Efter föreställningen kommer ni att ha möjlighet att köpa olika produkter som kommer hjälpa er att fortsätta på den rätta vägen som chakrastenar, undergörande oljor, meditationsljus, energikristaller och finn-dig-själv litteratur. Men nog om detta, vi kommer att berätta mer senare om alla våra fantastiska hjälp-dig-själv produkter till förmånliga priser, men nu är det hög tid att spelet börjar. Här kommer Envar. *(Envar kommer in på scenen.)* Låt mig presentera Envar. Envar är en helt vanlig medelsvensson, jobbar som tjänsteman på kommunen, har en fru och 1,78 barn, familjen har även en Labrador retriever, bor i hus på 130 kvm och äger 1,29 bilar av märket Toyota Auris. Det vill säga vår Envar är en riktig medelmåtta, eller en lagom person som vi brukar säga i Sverige. Men till mitten hunnen på sin levnadsbana har Envar råkat ut för den berömda medelålderskrisen. Han står nu på toppen av sitt liv där han har möjlighet att se tillbaka på varifrån han kommit och vart han är på väg, det vill säga den nedförsbacke som leder rakt ner i gravens mörka djup. Nu kära publik dyker den grymma döden upp för att påminna Envar om livets förgänglighet och korthet och få honom att begrunda över sitt liv och sina val.

Döden *med sin lie kommer in på scenen:* Är det du som är Envar?

Envar: Ja, vad är det om?

D: Äger du en röd Toyota Auris som står där ute på parkeringen?

E: Ja, det stämmer. Vad är det med den? Du har väl inte backat på den! Den är ju nybesiktad!

D: Öh, nä, men du har lämnat kvar din Labrador retriever i bilen utan att veva ner fönstret. Vet du vad som kan hända då?

E: Nä, vaddå?

D: Hunden kan dö av värmeslag!

E. Men det är ju 10 minusgrader ute och snöstorm! Skulle jag ha fönstret nere skulle ju hunden frysa ihjäl.

D: Nu har du iallafall blivit varnad. Tänk så kort ett hundliv kan vara i jämförelse med ett människoliv. Så hastigt det kan blekna, förtvina och försvinna. (*Döden går ut.*)

B: Ja nu var det kanske inte riktigt vad jag hade tänkt mig att döden skulle säga, men se nu kommer istället Envars vän för att påminna honom om allt det goda i livet som han har försakat.

Vännen: Tjena, kompis, läget?

E: Det är lagom. Jag fick löneförhöjning, en avtalsenlig procent som snart äts upp av inflationen, så till helgen ska jag fira med några glas vin i 80 kronorsklassen och bli lagom berusad och sedan älska med sin fru i enlighet med SCB-statistiken.

V: Låter inget vidare kompis. Du skulle vara singel som jag. Jobba inom IT-branschen. Tjäna riktigt bra med stålar. Köpa en porsche, åka på weekend till Dubai och festa loss med polarna på Ibiza med alla snygga brudarna som jag gör.

E: Jag klagar inte. Jag har det bra.

V: Inte klaga! Men du kunde ha haft det så mycket bättre. Du kunde ha lyckats i livet, förverkligat dig själv. Vandrat i Nepal, skrivit boken som du alltid drömt om, surfat i Karibien, och träffa snyggaste yoga-tjejen.

E: Nu var vi ju på kanarieöarna i vintras och fjällvandrade i Åre i somras. Sedan går jag på gym 2.5 gånger i veckan och håller mig i form.

V: Men är du lycklig kompis?

E: Jag är inte olycklig om det är det du menar. Jag fick faktiskt tillbaka 1200 kronor på skatten och bilen gick igenom bilprovningen utan anmärkning, då blir man glad.

V: Du fattar inte. Jag menar inte glad. Jag menar lycklig som en människa som förverkligar och lever sitt liv till fullo. En människa som suger musten ur livet, som känner att han lever.

E. Hur skulle det se ut om alla skulle lämna allt för vind och våg och förverkliga sig själv? Man har plikter och ansvar gentemot sin familj, sina barn och samhället. Nä, bäst är att bli vid sin läst som skomakaren sa.

V: Är det Luther som sitter på din axel och viskar orden i ditt öra. Är det jantelagen som du rapar upp med fostervattnet? Det är ju vad andra vill och förväntar sig att du ska göra, men har du någonsin känt efter vad du själv vill göra? Var tog alla dina drömmar vägen?

E: Vill och vill, livet är alltid fullt av kompromisser. Man måste tänka på andra och de runt omkring sig. Man kan inte bete sig hur som helst.

V: Du fattar inget. Förresten grattis på födelsedagen.

E: En sån lycklig slump. Jag fyller visst år idag. Tack! (*Öppnar paketet*) Ett pussel?

V: Ja, det är ett pussel med 3000 bitar med bara blå himmel.

E: Okej. Du vet väl att jag inte brukar lägga pussel.

V: Inte, jag trodde det var livspusslet som höll dig sysselsatt hela dagarna...

E: Kul...

V: Kompis, se det som en metafor för ditt liv. Ett enformigt sisyfos-arbete, där år efter år läggs som pusselbitar till den stora bilden av livet och när du äntligen är klar, så finns det ingenting intressant att titta tillbaka på, bara en ointressant blå enformig himmel.

E: Menar du att ditt liv skulle vara så mycket bättre än mitt? Jag lämnar iallafall efter mig mina 1,78 barn. De kommer förmodligen att besöka mig med sina barnbarn när jag blir äldre. Vem kommer och besöker dig? Dina engångsligg eller suppolare från Ibiza?

V: Är det tacken för att man kommer ihåg din födelsedag! Ska du bara förolämpa mig så får det vara. Jag försökte bara hjälpa till. Men om det inte duger så har jag mer intressanta saker att göra än att umgås med en medelmåtta. Har det så gott i mellanmjölkslivet. (*Går sin väg*)

B: Vänta! Det var inte meningen att han skulle gå redan. Han skulle ju visa Envar livets alla lockelser och begär. Jag tror att jag blir tvungen att rycka in och få lite ordning på det här spelet. (*Döljer ansiktet med armen, ojar sig som ett spöke*) Ooo, ooo!

E: Vem där? Det låter som någon som har ont i magen. Är det gaser eller förstoppning som plågar denna stackars varelse. Kanske magkatarr eller magsår orsakade av stress på jobbet och för mycket kaffe?

B: Envar det är jag. Den gångna Tidens Ande. Jag har kommit för att visa dig hur ditt liv hade sett ut om du hade valt en annan väg än den trygga medelvägen och det traditionella svensson-livet. Om du istället valt att följa dina författardrömmar. Välj en siffra mellan 1 och 10.

E: En siffra? Fem?

B: (*Tar fram en pappersloppa och räknar till fem.*) Framför dig ser du nu flikar i två färger. Välj nu den röda eller den blå fliken. Allt kommer att förändras beroende på vad du väljer. Var beredd att hoppa ner i drömvärlden och jag ska visa dig hur djupt kaninhålet verkligen är. Hela din verklighet kommer att skakas om och din existens ifrågasättas. Allt som du har trott på kommer att omkullkastas.

E: Är det på grund av copyright du har ändra den här scenen? Det ska väl ändå vara piller och inte en pappersloppa som jag ska välja mellan?

B: Jag förstår inte vad du menar? Välj en färg, din tid rinner ut, vi har inte tillgång till den här lokalen hela kvällen.

E: Jag får väl hålla mig till manuskriptet då, så jag väljer rött.

B: Se hur allt suddas ut i ett drömtöcken och scenbilden förändras framför åskådarnas ögon. Vi befinner oss nu på ett mentalsjukhus på 1800-talet. Framför oss ser vi en torftig cell.

E: Varför är vi på ett mentalsjukhus på 1800-talet? Så gammal är jag verkligen inte. Jag föddes faktiskt på 1970-talet?

B: Lägg inte allt för stor vikt vid scenografin eller tidsepoken. Det var vad vi kunde få fram med så kort varsel. Tiden är inte det viktigaste i det här sammanhanget utan handlingen. Och vänligen avbryt inte fler gånger, du förstör den episka illusionen i föreställningen. I cellen ser vi den intagna, det är alltså du i en parallell verklighet, om du inte redan fattat det. Du ligger och sover på din torftiga brist, då dörren till cellen öppnas och fångvaktaren Mulcaster stiger in med en plåtbricka med en emaljmugg och en grötskål. Scenen kan börja.

Mulcaster: Godmorgon. Det är dags att gå upp. (*Ställer bricka på ett bord vid väggen.*)

E: Va? Vilken dag är det?

M: Måndag.

E: Är det alltid måndag?

M: Det är alltid måndag när det är måndag.

E: (*Sätter sig upp i sängen, ser sig om.*) Är jag fortfarande här?

M: Ja ni är fortfarande här, precis som ni var här igår och dagen innan.

E: Varför är jag här egentligen? Mulcaster kan du påminna mig igen?

M: Du är galen.

E: Ja, så var det visst, men inget allvarligt väl?

M: Det beror nog på vem du frågar.

E: Mulcaster. Idag är en speciell dag. Idag ska jag börja på min nya bok.

M: Jaha. Vad ska boken handla om?

E: Se här Mulcaster. (*Plockar fram ett papper under kudden. Räcker över det till Mulcaster.*) Igår när jag inte kunde somna och låg och vände och vred på mig så kom jag på det. En ordbok över ord som inte finns.

M: (*Tittar på pappret. Vänder och vrider på det.*) Jag förstår inte. Det står ju ingenting på pappret?

E: Ni är inte så dum som ni ser ut. Precis, du har just läst ett ord som inte finns. Visst är det spännande? Att ingen har tänkt på det innan. En ordlista med ord som inte finns. Just det här ordet har dock gett mig en hel del huvudbry.

M: Jaha, på vilket sätt då?

E: Jag kan inte riktigt bestämma var det ska infogas i ordlistan. Under vilken bokstav ska man sortera in ett ord som inte finns? Under I som ingenting, icke existerande, intet eller under b som blank eller borta?

M: Ni får lägga det på en tom sida.

E: Naturligtvis Mulcaster ska det ligga på en tom sida, ni förstår precis hur jag tänker, men var ska sedan den tomma sidan vara i boken? Var, kan du svara på det? Under T som tom sida eller under O som osynlig, osorterad?

M: Jag vet inte. Det får ni fundera vidare på under dagen. Glöm nu inte att äta er frukost.

E: Mulcaster.

M: Ja.

E: Knrew!

M: Ursäkta!

E: Knrew. Det är väl ett ord som inte finns?

M: Jag har iallafall aldrig hört det förut.

E: Bra Mulcaster. Jag var ett tag rädd att det kunde betyda idiot. Som i: Du din dumma Knrew.

M: Fresta inte mitt tålamod herr Envar. Ät upp din frukost nu. Så kommer jag att hämta brickan om en stund.

E: Bryct!

Mulcaster går ut ur cellen och låser dörren.

E: Knrew, bryct och ett ord som inte finns alls. Min nya ordlista har börjat bra. Men nu ska vi inte förhasta oss. Vi måste vara systematiska och börja från början. Vi börjar med A. *(Tar fram SAOL)* Vilka ord finns inte på A? Abborre? *(Bläddrar i boken.)* Nej, så dum jag är, det är ju en fisk som redan finns. *Abacus*, det är ju en räkneram. Anacka, det låter påhittat, men tyvärr, även det finns. Tydligen en gammal svordom. Din gamla anacka. Hm, det var svårare än jag hade trott att hitta ord som inte finns. Inte visste jag att språket var så varierat och innehållsrikt. Men jag kan inte ge upp redan. A, aaa, asnot? Asnot, ja, såklart asnot, det verkar inte finnas det ska jag ha med.

Celldörren öppnas och direktören Cawdrey kommer in.

Cawdrey: Godmorgon herr Envar. Jag hörde av Mulcaster att du har börjat med ett nytt projekt och jag tänkte bara höra mig för vad det var. Något med en ordlista över ord som inte finns?

E: Godmorgon direktör Cawdrey. Ja det stämmer. Säg mig direktören har ni någonsin hört talas om en ordlista med ord som inte finns?

D: Ni menar påhittade ord som barn och författare har kommit på.

E: Nej, nej, de orden finns ju. Utan ord som inte finns.

D: Men om de inte finns, då finns de ju inte? Ord finns ju av en anledning. Jag förstår inte riktigt hur ni tänker, men det gör väl ingen normal människa.

E: Se här. (*Ger honom den blanka papperslappen.*) Ser ni!

D: Nej, jag ser ingenting. Det är ett tomt papper. Vad ska jag se?

E: Inte tomt. Där står ett ord som inte finns.

D: Eller så är det bara ett blankt papper.

E: Jag förstår. Det är tur att det är jag som ska skriva den här ordlistan och inte ni. Ni förstår ju ingenting om ord som inte finns. Din knrew!

D: Ursäkta, vad sa ni?

E: Knrew! Det är också ett ord som inte finns. Först trodde jag att det kunde betyda idiot, men det gör det visst inte.

D: Galen. Det är däremot ett ord som finns i Svenska Akademiens Ordlista och som passar in på er. Jag varnar dig Envar. Låt det här nu inte gå dig åt huvudet som dina idéer om att cirklar egentligen är räta linjer som fastnat mellan dimensionerna. Jag vet inte hur mycket ni förstörde i era försök att räta ut alla cirklar på anstalten. Alla muggar och tallrikar som ni böjde och bände sönder.

E: Bara för att jag inte lyckades göra dem räta i vår inskränkta dimension betyder det inte att cirklar inte är räta i andra dolda dimensioner.

D: Jag har varnat er och håller ett öga på er. (*Går ut genom dörren och låser efter sig*)

E: Suntameta! Suntameta? Var kom det ifrån. Från ingenstans. Då kan det inte heller finnas. Det måste jag skriva ner. Nej, nu måste jag koncentrera mig. Jag måste vara metodisk och systematisk och ta en bokstav i taget. Jag måste börja från början. A, aaa, aaaaaa! Anka! Nej, tusan, anka finns ju. A, aa, aaaaa, apokote! (*Letar i ordlistan*). Där hade jag tur Apokope finns, det betyder bortfall av ljud, men inte Apokote, det skulle kunna betyda bortfall av ord? Nej, så dum jag är! Ord som inte finns betyder ju ingenting. De är betydelselösa och neutrala. Det är därför ingen kommer ihåg dem. Men det ska det bli ändring på. Med min ordlista ska alla människor kunna hitta alla ord som inte finns. Apokote! Apokote!

Nej, nu måste jag försöka att koncentrera mig. Jag måste vara metodisk och systematisk och ta en bokstav i taget. Jag måste börja från början. Om jag stryker över alla ord som finns så måste de som bli över vara de som inte finns? (*Börjar läsa och stryka över alla ord i SAOL*). A? Det är väl inget ord? Det är en bokstav? Varför är den ens med i en ordlista? A-aktie, abakus den har jag redan behandlat, abandon, A-barn, abbé, abborre, det känner jag också igen, abbot....(*fortsätter läsa och stryka*)...så många ord det finns. Men jag måste var uthållig annars kommer jag inte lyckas med mitt mål att skapa en ordlista över ord som inte finns. Abrasion, finns det verkligen? Abrasionsvittne, det låter påhittat, betyder strandpelare, vad då strandpelare, skulle abrasionsvittne betyda strandpelare? Det låter helt absurt. Nej, det måste vara fel, det får vi rätta till. Abrasionsvittne, låt mig tänka efter, det ska nog betyda ett vittne som är mycket bra, ett a bra personvittne. Det skriver vi istället. Men nu måste jag fortsätta att stryka annars blir jag aldrig klar. (*Fortsätter stryka för fullt.*)

Dörren öppnas. Doktor Johnson kommer in och blir stående i dörröppningen och bevakar Envar som högt börjat ropa sina påhittade ord.

E: Apokote! Knrew! Suntameta! Asnot! (*Hejdar sig när han ser doktorn*). Jasså är det ni.

Dr Johnson: Direktören bad mig titta till er. Han var orolig att ni håller på att stressa upp er igen. Och vad jag har sett hittills så ser det inte bra ut. Vad är det för barnsliga idéer ni nu har fått i skallen. Ord som inte finns? Vi får nog ta in er för behandling igen. Några stärkande isbad och några dagar i isoleringscellen så kommer ni snart att vara återställd.

E: Apokote! Knrew! Suntameta! Asnot! (*Fortsätter frenetiskt att stryka i ordboken och riva ut sidor medan han upprepar sina påhittade ord*) Apokote! Knrew! Suntameta! Asnot!

J: Skötare! Sätt på Envar tvångströjan och ta med honom till behandlingsrummet. (*Två kraftiga skötare rusar in med en tvångströja som de sätter på Envar och drar med sig honom ut från cellen medan han hysteriskt skriker sina påhittade ord.*) Apokote! Knrew! Suntameta! Asnot!

B: Nå vad tyckte ni om det alternativet? Det var ju riktigt spännande eller hur!

E: Skulle jag bli galen och sitta inspärrad på en anstalt?

B: Men ni måste hålla med om det var en unik idé som ni kom på med en ordbok med ord som inte finns?

E: En ordbok med ord som inte finns? Det är bara en galning som skulle skriva och läsa den! På vilket sätt menar du att det livet skulle vara bättre än mitt nuvarande liv?

B: Ja, ja, lugna ner dig. Om det inte passar så har jag faktiskt förberett ett annat alternativ. Se åter igen hur scenen förvandlas framför våra ögon. Vi befinner oss nu i ett rum på ett vårdhem. Vid fönstret sitter författaren, det är alltså du, i en rullstol. En filt ligger över hans knän. Ett mjukt solljus faller in genom fönstret. Resten av scenen ligger i halvdunkel. Sköterskan (som också spelar rollen som Eurydike) kommer in på scenen klädd i vit uniform. Hon är lite nervös, avvaktande eftersom det är hennes första dag på jobbet. I handen håller hon en plastmugg med piller och i den andra ett glas vatten. Hon går fram till författaren, alltså dig. Ser på honom. Ställer ner vattnet och muggen på bordet bredvid. Lägger handen på författarens axel.

Sköterskan: Sover ni?

Författaren: Hmm, vad är det?

S: Ni slumrade till. Jag kommer med era tabletter. Se här ta nu dem. Det finns vatten också.

Författaren tar glaset och plastburken med skakiga händer.
Häller tabletterna i munnen och sväljer ner dem med vattnet.
S. Nu var ni duktig.
F: Känner jag er. Ni verkar så bekant?
S. Nej, det tror jag inte. Jag är ny här. Jag började jobba idag.
F: Jag känner igen er, men jag minns er inte.
S: Ni kanske har sett mig på någon av era föreläsningar? Jag är en stor beundrare av er dikter.
F: Har jag skrivit dikter?
S. Ja, minns ni inte den stora diktsviten om Orfeus och Eurydike? Den är helt fantastisk och så sorglig. Jag vet inte hur många gånger jag har läst den.
F: Har jag skrivit dikter? När var det?
S: Orfeus och Eurydike? Det var ett tag sedan. Ni skrev den efter att ni hade fyllt fyrtio. Det blev ert stora genombrott.
F: Hur gammal är jag nu?
S: Idag fyller ni 90 år. Det är er födelsedag idag. Det kommer nog många som vill gratulera er i eftermiddag. Hela förmiddagen har det kommit blommogram och lyckönskningar. Hela dagrummet är fullt med blommor. Jag tror till och med Kungen har skickat en födelsedagshälsning.
F: Kungen? Känner jag honom?
S: Det vet jag inte, men ni har tagit emot en guldmedalj ur hans hand för ert författarskap. Det har jag sett på TV.
F: Jag fick ingen medalj när jag spelade fotboll som liten. Alla andra fick en. Det var för att jag var så dålig. Du har två vänsterfötter sa min tränare alltid. Jag fick sitta hela säsongen på avbytarbänken.
S: Så sorgligt. Ni kanske inte blev fotbollsproffs, men ni blev iallafall en världsberömd författare. Det är inte så dåligt det heller. Nu ska ni få vila er lite. Efter lunchen blir det kaffe och tårta ute i samlingsrummet. Försök att vila lite. Det blir nog en händelserik dag.

Stoppar om filten kring författaren. Tar glaset och
plastmuggen och går ute.
F: Eurydike var är du?
Ur kulisserna kommer en ung kvinna i vit lång klänning.
Eurydike: Jag är här min vän.
F: Var har du varit? Jag har saknat dig?
E: Lite här och där. Jag har varit ute och rest. Berlin, Paris,
New York. Minns du Paris min vän? En varm vårdag i april när
vi gick vilse i Montmartre. Kommer du ihåg den där dikten du
skrev till mig?
F: Kärlekens alla språk
skriver jag på en vägg
någonstans i Montmartre
E: Men ditt namn
bär jag alltid med mig
i mitt hjärta
F: Du sa att du älskade mig, men sen försvann du samma kväll
men Pierre. Ni tog tåget till Giverny. För du ville se Monets
trädgårdar. Du försvinner alltid.
E: Men jag kommer alltid tillbaka.
F: Du försvinner alltid.
E: Kommer tillbaka
F: Försvinner
E: Försvinner. (*Eurydike försvinner ut i kulisserna.*)
F: Eurydike var är du? Varför lämnar du mig här, ensam?
(*Slumrar till.*)
Sköterskan kommer tillbaka. Hon har en bok i handen.
Tvekar. Gå långsamt fram till författaren. Lägger handen på
hans axel.
S: Sover du?
F: Eurydike du är tillbaka?
S: Nej, det är jag igen. Jag heter Emma och jobbar här. Jag var
nyss här med era piller. Kommer ni inte ihåg?

F: Emma? Jag känner igen er.

S: Det var nog för att jag var här alldeles nyss. Jag skulle vilja fråga om du skulle vilja signera min bok.

F: Är ni författare?

S: Nej, det är boken som ni har skrivit om Orfeus och Eurydike. Det skulle betyda mycket om ni ville signera den åt mig.

F: Ja, det kommer jag ihåg. Det har jag gjort många gånger. Alla dessa böcker som skulle signeras runt om i världen. Jag fick ont i handen. Hur många böcker måste jag signera den här gången?

S: Det räcker om ni signerar en. Den här. *(Lägger boken uppslagen i författarens knä)* Här har ni en penna.

F: Vad ska jag skriva?

S: Kan ni skriva till Emma.

F: Till Emma? *(Skriver i boken.)*

S: Tack så jättemycket. Det betyder så mycket för mig. *(Läser i boken.)* Men ni har skrivit Eurydike. Jag heter Emma.

F: Eurydike var är du? *(Tar tag i sköterskans arm.)* Snälla kan ni säga när nästa tåg går till Giverny? Jag måste hinna dit innan det är försent. Pierre har redan åkt iväg med Eurydike.

E: Såja ta det lugnt. Det ordnar sig. Stackars er. Ni som var så briljant och så skarp förr. Nu verkar ni så...förvirrad... Vila nu så kommer jag in och hämtar er snart. *(Sköterskan går ut med boken tätt tryckt mot sin barm.)*

Förläggaren *kommer in på scenen med manuskriptet i sin hand:* Det här är bland det bästa jag har läst på länge. Ni har verkligen lyckats förnya myten om Orfeus och Eurydike. Det finns så många lager och ingångar i texten. Och språket. Orden smälter som honung i munnen när man läser era dikter. Slutet måste jag säga var dock väldigt oväntat.

F: Oväntat?

Fö: Ja det var en riktig överraskning tyckte jag. Så oväntat. Det lämnas öppet för så många tolkningar. Men ingen fara. Det är ett mästerverk inget tal om saken. Vi vill gärna ge ut Orfeus och Eurydike på vårt förlag. Kontraktet är redan klart och ni kommer få ett generöst förskott.

F: Tack. Det var verkligen roligt att höra.

Fö: Får man fråga, eller det är kanske för personligt? Boken verkar väldigt självbiografisk. Finns det någon verklig förlaga till Eurydike?

F: Det är väl som i många fall med litterära kärleksberättelser att det finns en förlaga, men det är kanske inte alltid så att förlagan skulle känna igen sig. Man måste ta sig en del litterära friheter för att det ska bli en bra historia, om ni förstår vad jag menar?

Fö: Ja, jag förstår. Jag har hört flera andra författare säga liknande saker. Vi är iallafall glada att kunna knyta er till vårt förlag. Jag är helt säkert på att det kommer bli en succé och att boken kommer att översättas till många språk.

F: Tror ni att den kommer att översättas?

Fö: Det är jag helt säkert på. Ni kommer att får resa runt i hela världen och signera böcker tills ni får ont i handen.

F: (*Tar sig runt handen.*) Tills jag får ont i handen...

Kungen *kommer in på scenen. Öppnar asken med guldmedaljen:* Vi har den stora äran att få tilldela er den stora guldmedaljen för förtjänstfulla insatser inom kulturen.

F: En guldmedalj till mig?.

K: Akademien och jag vill tacka er för ert geniala tillskott till vårt lands litteratur. Jag tror att många med mig skulle hålla med om att det är det bästa som skrivits på vårt språk på mycket länge. (*Viskar till författaren.*) Det skulle inte förvåna mig om ni får ett Nobelpris i litteratur för den här boken. Jag ska lägga ett gott ord för er. (*Kungen går ut. Författaren*

plockar fram ett papper under sin filt som han börjar läsa.
Han sjunker sakta ihop. Sköterskans kommer in.)
S: Nu har jag kommit för att hämta dig till din födelsedagsfest.
Jag har aldrig sett så många kända personer på samma gång.
Alla verkar vilja gratulera dig. Allrummet är fullt av kända
skådespelare, författare, kulturministern och andra politiker,
kändisar och professorer. Har du somnat nu igen? (*Går fram
till författaren. Lägger handen på hans axel.*) Det är dags att
vakna. (*Ruskar lite på honom.*) Alla väntar därute på dig. Du
måste vakna. (*Lyssnar på hans andetag. Tar pulsen. Släpper
förvånat handen som blir hängande vid sidan av rullstolen.
Tar sig för förskräckt för munnen när hon inser att författaren
är död. Springer ut från scenen.*)
Eurydike *kommer ur skuggorna:* Min Orfeus. Jag är tillbaka.
Jag har kommit tillbaka till dig. Varför svarar du inte? Du är väl
inte sur? (*Går närmare.*) Är du fortfarande sur för det där
med Pierre i Paris? Va inte det. Det hände inget mellan oss.
Det visade sig att han inte alls var intresserad av mig. Han
älskade någon annan. Han följde bara med för att han ville se
Monets trädgårdar. Jag är ju här nu. (*Sätter sig på knä bredvid
författaren. Tar hans hand. Släpper den när hon känner hur
kall den är.*) Min älskade var är du? Du är inte längre här? Var
har du försvunnit. Jag som äntligen kommit tillbaka till dig. Du
luras inte med mig? Nej, du har rest och lämnat mig ensam
kvar. Så som jag gjorde så många gånger med dig. Jag visste ju
att du alltid skulle vänta på mig. Men nu är det för sent. Ditt
tåg har lämnat perrongen utan mig. Vad är det här? Du har
skrivit en ny dikt till mig. Vänta jag känner igen den. Det är
slutet på Orfeus och Eurydike. Men du har ändrat det? (*Läser
dikten.*) Var det så här den egentligen skulle sluta? Det var
aldrig mig du längtade efter. Det var honom. Jag som trodde...
så fel jag har haft hela tiden. Det var inte mig du följde efter i

Paris, det var han. Det var han som var Eurydike inte jag. Har jag jagat en skugga i hela mitt liv? (*Försvinner i skuggorna.*)
B: Nå, det här var väl en mycket bättre variant? Tänk guldmedalj från kungens hand och kanske ett Nobelpris i litteratur?
E: Det antyds i den här scenen att jag skulle vara homosexuell?
B: Förmodligen bisexuell. Men ni är ju en firad och berömd författare. Inte ska ni väl hänga upp er på den sexuella läggningen. Vi lever ju i ett modernt samhälle. Det här är ju vad du har drömt om i hela ert liv?
F: Jag bryr mig inte om den sexuella läggningen, utan att jag även i det här alternativet skulle dö ensam utan att min kärlek till den jag älskar blir besvarad. I mitt nuvarande liv har jag iallafall en fru och en familj som jag älskar och som älskar mig och som stöttar och står bredvid mig i vått och torrt. Skulle berömmelse och ensamheten vara bättre än kärleken och familjen? Jag är ju hellre lyckligt gift än en framstående ensam poet.
B: Ni är verkligen svår att tillfredsställa.
E: Förresten tycker jag ingen av de här scenarierna verkar speciellt troliga. Det känns som om du bara tagit några halvfärdiga scener som du haft liggande och ändrat lite för att de ska påminna om mitt liv.
B: Vi hade som sagt ont om tid för att planera det här spelet. Din medelålderskris kom mycket tidigare än vi hade planerat. Det är ändå bra texter och tänkvärda scener som är väl värda att spelas upp. Men jag känner att det ha uppstått en negativ energi i rummet mellan oss. Kanske några energikristaller, några chakrastenar eller ett doftljus med aromatiska meditativa dofter skulle kunna lätta upp stämningen mellan oss? Som du vet säljer vi dem till mycket förmånliga priser i foajén efter föreställningen.

E: Verkligen? Försöker du sälja på mig ditt humbug mitt i min medelålderskris? Skulle inte det här spelet handla om mig!

B: Förlåt! Det var klumpigt sagt av mig. (*Till publiken*: Men ni i publiken kan iallafall passa på att fynda efter föreställningen.) Min kära Envar. Jag känner att det här har blivit helt fel. Vi fick en dålig start på vårt spel. Du har helt rätt, det här skulle ju handla om dig. Så hur skulle du vilja att ditt liv blev om du fick välja? Så berätta för oss om din dröm.

E: Min dröm?

B: Ja, din dröm låt oss höra. Scenen är din.

E: Då så låt Spelet om Envar börja.

Hos förläggaren. Envar kommer in till förläggaren med sitt manus.

Förläggaren: Goddag Envar. Du hade ett manus som du vill presentera?

E: Ja, det är en historia som jag har skrivit om en sten.

F: En sten? Du menar som svärdet i stenen? Är det en riddarsaga om Kung Arthur och riddarna runt det runda bordet?

E: Nej, bara en sten.

F: Aha, som en äventyrsroman i stil med Den vilda jakten på stenen, som filmatiserades med Michael Douglas och Kathleen Turner?

E: Nej, det handlar bara om en sten.

F: Nu hänger jag inte riktigt med. Du får nog berätta mer.

E: Det handlar om en sten. Rättare sagt en sten av Höga kusten gnejs, ungefär 1,5 meter hög och två meter bred, och en meter djup, som står nere vid älvkanten.

F: Jag förstår. Och vad händer med stenen?

E: Ingenting. Den står där år efter år, i rusk och solsken, i snö och tö, och låter vågorna skvalpa mot sina sidor.

F: Vad är själva handlingen?

E: Det var ju handlingen som jag berättade om nyss.

F: Herr Envar ni måste väl ändå förstå att läsaren vill ha en berättelse fylld med äventyr, spänning, känslor, dramatik och konflikter?

E: Varför det? Sånt är ju inte livet. Det är ganska medelmåttigt och händelselöst för de flesta. Livet är som stenen, den står där på sin plats, gör kanske inte så stor nytta, men har sin plats och sin historia för dem som kommer i kontakt med den. Stenen är i sig själv betydelselös men i ett sammanhang kan den påverka historien. Mitt liv påverkades mycket av en sten i min barndom, ja, man skulle kunna påstå att det var just den här stenen som präglade mig.

F: Ja, men det är ju precis sånt som läsaren vill läsa. En gripande barndomsskildring. Hur ert liv förändrades och påverkades av stenen.

E: Ja, men nu handlar den här berättelsen inte om mig, utom om stenen. Den är det centrala i berättelsen, utan den skulle allt det andra inte hänt.

F: Men ni måste ju förstå att stenen är ointressant för läsaren. Ingen vill läsa om en vanlig sten även om den ligger vid älvstranden. Det är ju bara en sten.

E: Men ändå är den grunden för alla berättelser. Även det mest ointressanta och banala har en betydelse. Det som ingen lägger märke till har sin plats i historien och är värd att berättas om, på samma sätt som alla kungar, geniers och hjältars berättelser.

F: Tyvärr Envar. Vi kan omöjligt publicera en sådan ointressant historia. Vi måste tyvärr tacka nej till ert manus. Om ni ändrar er i framtiden och skriver något om ert eget liv så kan det kanske vara intressant för utgivning.

E: Jag förstår. Adjö då.

B: Var det allt?

E: Ja.

B: Är det din livsdröm att ge ut en bok om en vanlig sten?

E. Ja. Kan vi spela scenen om stenen nu?

B: Ja naturligtvis, men först måste vi ha ett kort avbrott med några ord från våra sponsorer.

E: Sponsorer?

B: Ja, vi måste ju få in pengar på något sätt för att betala löner till skådespelare, manusförfattare, regissör, dekorbyggare, scentekniker, vaktmästare osv. Du tror väl det inte är gratis att sätta upp en föreställning om din medelålderskris?

E: Nej, det är klart att det kostar pengar, men...

B: Låt ridån falla, vi är strax tillbaka.

Ridån går ner. Assistenten springer in framföra ridån.

A: Jag har blivit lurad på min hämnd! Det var bara en akt! Men vänta bara. Det kommer alltid en uppföljare och då ska jag vara med och lägga krokben för handlingen. Vänta bara så ska ni få se! (A*ssistenten försvinner ut i kulissen.*)

Ridån går upp.

B: Kära publik vi presenterar stolt i samarbete med vår sponsor: Gustav Vasa i fädernas spår. Vi befinner oss i liten stuga i Dalarna där herr Moraeus bor. Moraeus är klädd i folkdräkt och håller på att öva på en gånglåt på sin fiol när dörren slås upp och Gustav Vasa kommer in med snö som yr runt omkring honom.

Moraeus: Men är det inte min gamla vän Gustav som kommer på besök!

Gustav: Ja, säg är det inte likt!

M: Är du död!

G: Vad menar du karl!

M: Du sa att du var ett lik.

G: Att det var likt sa jag. Det är ett en populär fras från Norrland som jag snappat upp under mina många resor genom landet. Låter det inte klatschig så säg?

M: Tänk att Gustav Eriksson har kommit på besök!

G: Inte Eriksson, jag heter Gustav Vasa nu.

M: Vafalls!

G: Jo du förstår jag har bytt namn till Vasa för det låter bättre. Det finns så många Eriksson nu för tiden så min PR-agent tyckte jag borde ha ett mer modernt och snärtigt namn, nu när jag snart ska bli berömd och allt, så då blev det Vasa. Visst låter det bra?

M: Så det gamla släktnamnet Eriksson duger inte längre? Vad ska dina stackars föräldrar säga?

G: De förstår säkert. Men nu till mitt ärende. Jag tänker göra uppror mot danskarna och behöver då hjälp från er dalkarlar, då ni är kända för att vara ena riktiga upprorsmakare och bråkstakar. Jag tänkte därför låna ett par skidor och en stav av dig min gamla vän Moreues och åka skidor genom Dalarnas glesbefolkade vildmark och gå från dörr till dörr som en handelsresande som säljer encyklopedier, för att få stöd för mitt projekt.

M: Du tror inte det bli enklare med två stavar?

G: Två stavar? Det låter onödigt. En stav räcker gott och väl för mig. Jag kommer att åka en mycket lång sträcka genom urskogen, det kommer att var mycket snö, kallt och mycket mödosamt, så jag tror att de som i framtiden kommer att följa i mina spår kommer att göra det en söndag i mars då det inte är lika kallt. Sedan kommer vissa att välja alternativa färdsätt som springa, gå, cykla och simma för att hedra min omänskliga presentation.

M: Simma? Men Gustav det är ju bara skog och myr där ute? Hur ska det gå till?

G: Jag föreställer mig att klimatet i framtiden kommer att leda till stora översvämningar vilket kommer göra det möjligt att simma sträckan i framtiden.

M: Du verkar redan har tänkt en hel del på ditt eftermäle.

G: Ja ser du Moraeus, jag och min PR-agent har planerat allt väldigt noga. Förutom att min skidresa kommer att få folk att vallfärda till Dalarna en speciell söndag i mars, kommer vi inom kort också att lansera olika produkter från hårt bröd till försäkringar som pryds med mitt namn. Vi kommer också att satsa en hel del på att bygga stora krigsfartyg.

M: Men Gustav du kan väl inte bygga skepp? Till och med dina barkbåtar brukade ju välta och sjunka i där hemma i bäcken när du var liten.

G: Tyst! Du förstår dig inte på marknadsföring. Har du inte länge avundsjuk sett hur dina grannar i Värmland varje sommar sätter upp sitt populära folklustspel Värmlänningarna? Nästa sommar kommer vi därför att lansera vårt eget folklustspel: Dalskidan. Ett svindlande äventyr med mig i huvudrollen fyllt av förväxlingar, intriger, skidåkningar och blåbärssoppa till alla i publiken.

M: Blåbärssoppa? Men det är ju sånt som kloka gummor brukar ordinerar mot diarré. Det är väl ingen som dricker det frivilligt?

G: Tyst när jag pratar! Jag har dessutom redan tänkt ut ett valspråk som för evigt kommer att vara förknippat med mig när jag är konung över Svea rike. Det ska vara: "De ä bar å åk!"

M: Men Gustav det uttrycket kan du inte använda. Jag är säkert på det redan används av en annan skidkung.

G: Tyst med dig och hit med skidorna. Nu ska jag ta och åka hela vägen från Sälen ner till Malung och samla ihop dalkarlarna.

M: Malung? Är det inte bättre du skidar till Mora. Det är ju mer folk längs den vägen?

G: Är du säker?

M: Ja det vet väl alla. Ingen bor längs vägen till Malung.

G: Då säger vi det. Mot Mora. "De ä bar å åk! (*Gustav skidar ut från stugan ut i snöstormen.*)

B: Det var alltså vårt sponsrade inslag: Gustav Vasa i fädernas spår. Och nu tillbaka till handlingen.

E: Är det äntligen dags för min scen med stenen nu?

B: Ja, nu börjar den.

Två män i vita labbrockar kommer in på scenen. De lägger sina manus på golvet medan de baxar in en stor sten på scenen. I kulissen dyker assistenten upp.

A: Det var inte över ändå. Det verkar som om det blir en akt till. Vilken tur då har jag min chans till hämnd. Där på golvet ligger manuset till nästa akt, då vet jag vad jag ska göra. Jag har alltid drömt om att få min egen text uppspelad på en teaterscen. Jag tar chansen och byter ut manuset till mitt eget. (*Springer fram och byter ut manuset på golvet. Ställer sig i kulissen och väntar.*)

Forskare 1 tar upp manuset: Då ska vi se. Den här akten skulle visst handla om en sten. Nähä, det stämmer ju inte. Här står det att vi ska vara långt ner i underjorden och arbeta med en partikelaccelerator?

Forskare 2: Verkligen? Hur ska vi hinna få tag i en partikelaccelerator vid den här tiden på kvällen?

F1: Det gör vi inte. Vi får låtsas att stenen är en partikelaccelerator. Jag tvivlar på att så många i publiken har sett en riktig partikelaccelerator. De märker nog ingen skillnad. Vi är alltså två forskare som jobbar över sent eftersom partikelacceleration har uppdaterats och ska starta imorgon och vi måste finkalibrera inställningarna. Vi står och flippar med lite knappar och reglage. Det blinkar lite dioder etc etc. Du står vid en dator och matar in olika värden då plötsligt ett vitt ljussken slukar oss.

Scenen lyses upp av ett starkt vitt ljus. När ljuset lägger sig befinner sig de två forskarna i en stor genomskinlig bubbla i ett stort vitt rum. De högsta talar, det låter som ett svagt brummande. Ljudet är mycket plågsamt och forskarna håller för öronen i panik. Tolken kommer inspringande.

Tolken: Ursäkta att jag är sen. Det var svårt att få till den här gestalten. Vi pratar ändå om en tredimensionell materialisering. Lyssna noga Knrews! De högsta vill veta hur ni lyckades fly?

F1: Fly vad menar du? Var är vi?

F2: Vem är du? Vad är det här för ställe?

De högsta brummar. De två forskarna tar sig för huvudet.

F1: Sluta! Det gör ont. Varför plågar ni oss? Vad har vi gjort?

T: Högsta jag tror att dessa primitiva väsen inte längre klarar av intratransspektiv kommunikation. Om jag får föreslå så skulle det kanske gå bättre om vi bara använder intraspektiv kommunikation och jag översätter direkt.

De högsta mullrar. Forskarna tar sig för huvudet.

T: Då säger vi så. Jag upprepar alltså frågan. Hur lyckades ni fly?

F1: Fly? Fly från vad?

T: Från ert fängelse?

F2. Vilket fängelse?

T: Ja ni har helt rätt högsta. De är verkligen en primitiv ras. Deras medvetande verkar helt sakna jom, men om jag få vara så djärv att komma med tanken att de kanske under sin fångenskap glömt bort att de är fångar och de i sin primitiva föreställningsvärld tror att den värld de lever i är deras riktiga värld.

F1: Vad då riktiga värld? Vad menar ni?

T: Där ser ni. Det förefaller som att så kan vara fallet. Ska jag berätta för dem bakgrunden så kanske de bättre kan följa med i diskussionen längre fram? Bra, då jag gör det.

Ni som kallar er människor och som bor på planeten jorden i den tredimensionella rymd som ni benämner universum är

vad vi de högsta kallar för Knrew. En mycket låg
uppenbarelse, ja, en av de allra lägsta. För att vara uppriktig
så var ni så obetydliga att ni främst användes som pnert för
mer utvecklade väsen.

F1: Vad är en pnert?

T: Pnert är en titel för någon vars syfte är att tjäna högre
väsen och fraktar bort deras orenheter. Det är förstås inte en
korrekt beskrivning av det hela då ert språk är så primitivt att
det är svårt att översätta våra vanor och kultur till en
kommunikation som bara har tre dimensioner.

F2: Hur många dimensioner existerar ni i?

T: Vi existerar inte i dimensioner. Vi är.

F2: Vad betyder det?

T: Vi befinner oss i ett tillstånd som bara kan översättas till att
vi är på ert språk.

F1: Men hur har ni lärt er att tala vårt språk?

T: Jag talar inte ert språk. Jag är tolk, jag talar alla språk
samtidigt, ni hör bara det språk som ni är mest van vid. Hade
ni talat något annat av era primitiva tredimensionella
språkvarianter som ryska, hebreiska, spanska, norska, hade ni
hört det. Hade ni varit mer högtstående och talat myoniska
eller någon annan kvantvariant så hade ni hört det, och hade
ni talat tidiska med sina ljusårslånga läspningar hade ni hört
det. Och om ni slutar avbryta mig hela tiden med er primitiva
okunskap så kan vi kanske komma till saken? Jag vet högsta,
allt är så svårt att förklara och förstå på deras simpla språk.
Man kunde åtminstone begära att de kunde bemöda sig med
att utveckla ett språk som går att beskriva något av värde?
Men vi får ha tålamod och försöka sänka oss till deras nivå för
att veta vad som hänt. Knrews var uppmärksamma! Som ni
märker är ni placerade i en bubbla, det är skapad för att ni
ens ska kunna existera här bland de högsta. Utan den skulle ni
omedelbart brytas ner till ren energi, ungefär som ni

föreställer att det händer med saker som ramlar ner i svarta hål. Ena anledningen att vi att ens bemödade oss med att rädda er var att vi är intresserade att veta hur ni flydde från ert fängelse.

F1: Jag förstår inte vad ni menar med fångenskap. Vi är inga fångar.

T: Er dumhet frestar verkligen på. Först den här löjliga 3-dimensionella fysiska kroppen som jag måste inträda i för att ens kunna kommunicera med er, sedan ert primitiva språk som knappast kan användas för att beskriva den enklaste knaq och sedan en dumhet och oförmåga att förstå ens enkla abstraktioner och begrepp.

F: Vänta här nu! Vi anser oss faktiskt vara intelligenta. Vi har utforskat universum och kommit långt i vår utveckling. Vi medger att det naturligtvis kan finnas intelligent liv där ute i universum, ni verkar vara ett bevis på det. Men våra efterforskningar ha visat att det är sällsynt med intelligent liv i universum, vi är unika på det sättet.

T: Din Knrew! Din dumhet är skrattretande. Det finns inget liv i ert så kallade universum. Det är bara en illusion. Ert så kallade universum är bara ett fängelse för att straffa er för ert brott. Varför skulle vi bemöda oss med att skapa andra livsformer i ett fängelse? Det är bara tomhet där ute. Det enda som finns är er lilla planet med det liv som ni behöver för att kunna överleva.

F: Men universum är oändligt och har funnits i miljarder år. Sannolikheten att det ska ha uppstått liv även på andra planeter är ganska stor, även om de inte är lika intelligenta som oss.

T: För det första är det som ni kallar tid bara en bieffekt när man skapar en rymd med dimensioner. Det som ni kallar tid existerar inte som begrepp utanför er lilla bubbla. Ni ser förvånade ut när jag säger liten, men precis som någon som står mitt i ett spegelrum och ser sig omkring verkar rummet oändligt, men det är bara illusioner och reflektioner. Visst er rymd är tillräckligt stor för att ni aldrig ska kunna nå dess utkanter under er existens med er enkla teknik, men det är betydligt mindre än vad ni kan föreställa er, allt är bara en illusion. Ni har ju själva nyss upptäckt att till exempel 95% av universum består av det som ni kallar för mörk energi och mörk materia? Det är de 95% som bygger upp ert fängelse, eller som ni brukar referera till det, ert universum. Det behövs nämligen ett enormt kraftfält för att bibehålla rymdens tre dimensioner så ni och ert universum inte slits sönder av det som finns utanför.

F: Men varför är vi fångade?

T: Jag skulle just komma till det om ni inte heller tiden hade avbrutit mig med era irrelevanta frågor. Er ras var visserligen underlägsna Knrews men ändå en del av det högre. Två av er lyckades på något sätt komma över ett mormf, hur ska jag förklara det så ni förstår, jo, en mormf är en form av energi som används för att öka ens jom, som är en form av medvetandenivå. De högsta har den högsta jomen medan en Knrew har mycket lite jom och ni människor har ingen mätbar jom alls.

F2: Det påminner lite om berättelsen om Adam och Eva och hur de åt av frukten från kunskapens träd?

T: Alla dessa avbrott! Ni har verkligen en obefintlig inlärningskurva. När ni fängslades i de tre dimensionerna så blev ni av med all er jom, då jom inte kan existera i en begränsad rymd, men några korn av er tidigare existens måste ha blivit kvar och ni började därför hitta på historier och berättelse från de små fragment som fanns kvar från er tid som Knrew.

F1: Men kan det verkligen vara så farligt att ta lite jom? Strävar inte alla efter att höja sitt medvetande?

T: Vilken hädelse! Inte farligt! Ni okunniga, ett värre brott finns inte än att försöka höja sin jom utan de högstas välsignelse. Ert brott var så allvarligt att de högsta ville utrota alla Knrews som straff, men rådet avslog begäran. Eftersom ni bara var Knrew kunde det omöjligt ha skett med medvetenhet utan det måste ha varit en slump att ni kom över jom, så därför förvisades ni istället från det högsta till ett fängelse, dvs det som ni kallar för universum. Och ni åter till frågan om hur lyckades ni fly från ert fängelse?

F: Jag vet inte. Vi höll på att arbete med partikelacceleratorn, den har nyss blivit uppdaterad och behövdes justeras inför morgondagens omstart. En partikelaccelerator är förresten en stor maskin som kan skapa enorma energimängder och användas för att upptäcka nya elementarpartiklar. Det var den vi använde för att upptäckte Higgs-partikel för något år sedan.

T: Vi är inte intresserad av era fåniga leksaker. Och kvarkarna har redan klagat på att ni med era klumpiga experiment stör deras kommunikation, men det klagomålet har vi inte tid att behandla just nu. Utan vi vill veta hur ni lyckades skapa en glipa i rymdväven och ta er ut från ert fängelse. Det borde vara omöjligt. Den energimängd som skulle behövas för att rubba energifältet är, vilket ord ska jag välja så ni kan greppa det, strunt samma, det är ungefär en oändlighet upphöjd i en oändlighet minus 1. Så vad var det ni gjorde exakt?

F: Vi höll på att kalibrera de elektromagnetiska fälten i de främre spolarna och jag hade just matat in Planck-konstanten i algoritmen och när jag tryckte på enter kom ett starkt vitt ljus och så var vi här

De högsta brummar högt.

F2: Vad händer! Mitt huvud håller på att sprängas.

T: Bara för att vara riktig säkra. Men Planck-konstanten menar ni då det värde som är $6.62607016 \times 10^{-34}$?

F1: Ja nästa. Det är förstås en femma på slutet och inte en sexa.

T: Är du säker på det?

F2: Ja absolut det är första man får lära sig i fysiken.

T: Ja er högsta. Det låter helt osannolikt. Men det skulle förklara hur de lyckades skapa ett hål i rumsväven, med det felaktiga värdet finns det en liten sannolikhet att rymdsvävens energibalanser kan rubbas. Deras fåniga leksak skulle kunna komma upp i de energivärden som behövs. Ja, det är en skandal att någon har missat detta. Jag förstår inte heller hur det har inträffat, det skulle krävas en jomlös Knrew för att lyckas med en sådan felberäkning. Ja, vi får förstås utreda det närmare, men hur gör vi med de här två? Jag förstår. Vi justerar Planck-konstanten till ett korrekt värde och skickar tillbaka fångarna till deras fängelse.

F1: Ändra Planck-konstanten? Det kan man väl inte göra?

Ett starkt vitt sken lyser upp hela scenen. De två forskarna befinner sig åter framför stenen.

F2: Vad hände?

F1: Något blev fel. Det måste ha blivit en kortslutning i systemet. Vi får kontrollera uträkningarna igen. (*Läser igenom en massa uträkningar.*) Vänta ska det inte var en femma i slutet på Planck-konstanten?

F2: En femma? Nu är det nog du som fått en kortslutning. Det är en sexa. Kommer du inte ihåg någonting från skolan? Planckkonstanten är bland det första man får lära sig och den slutar alltid med en sexa, iallafall i det här universumet. Hur det förhåller sig i andra parallella universum kan jag inte svara på.

F1: Ja du har rätt, när jag tänker efter så ska det såklart vara en sexa. Jag fick bara en sån märklig känsla att det skulle vara en femma, men du har rätt en sexa ska det vara. Det står ju till och med här på Wikipedia.

Enok och berättaren kommer in på scenen.
E: Det här är ju inte min scen med stenen!
B: Inte? Jag som tyckte den var så bra och spännande.
E: Nej, verkligen inte. Vi skulle ju spela scenen med stenen.
B: Jag är ledsen men vår tid är slut vi måste runda av föreställningen.
E: Men min sten då?
B: Du kan ta med den hem om du vill. Min kära publik. Tack för att ni tog er tid att ta del av denna sedelärande och moraliska föreställning om spelet om Envar. Ni kan nu slå på era mobiler och kasta er ut i era sociala medier igen. Twittra, laijka, ta selfies, snapchatta och göra vad ni vill. Men glöm inte att stanna till i vår foajé på vägen ut och köpa några av vår fantastiska erbjudande som hjälper er att hitta er själva och bli bättre människor. Vi har många fina erbjudanden till bra priser. Ha en godkväll och på återseende!

www.ingramcontent.com/pod-product-compliance
Lightning Source LLC
Chambersburg PA
CBHW060552030426
42337CB00019B/3534